Charles Benoist

Le Travail dans l'État moderne

essai

ISBN : 978-1540315748

10 9 8 7 6 5 4 3 2 1

Charles Benoist

Le Travail dans l'État moderne

essai

Table de Matières

Introduction	*6*
Section I	*7*
Section II	*13*
Section III	*17*
Notes	*26*

Introduction

La crise que traverse l'État moderne est double, parce qu'il est issu d'une double révolution. Elle est non seulement politique, mais encore économique ou sociale, parce que ce n'est pas seulement d'une révolution politique que cet État a pris naissance, mais encore et en même temps d'une révolution économique ou sociale. L'aphorisme ordinaire ne dit donc pas assez : nous ne sommes pas « les fils » d'une révolution, mais de deux, lesquelles, d'ailleurs, ne se distinguent pas très nettement l'une de l'autre, ne sauraient se placer dans la chronologie à une date fixe qui les exprime toutes, et ne se sont point absolument accomplies entre les limites invariables d'une période déterminée.

Ni 1789 n'est toute la révolution politique, ni 1848 toute la révolution sociale ; ni 1789 n'est une révolution exclusivement politique, ni 1848 une révolution exclusivement sociale ; ni 1789 n'a marqué le commencement et la fin de la révolution politique, ni 1848 le commencement et la fin de la révolution sociale. Dans la vie des nations, tout se tient : rien ne peut troubler gravement l'ordre politique qui ne se répercute sur l'ordre économique ou social, comme rien ne peut profondément affecter l'ordre économique ou social, qui ne marque aussi dans l'ordre politique. Par une de ces coïncidences qui sont peut-être un peu plus que des coïncidences, vers les années où s'annonçait au monde la révolution politique, vers ces mêmes années s'annonça également la révolution économique. Le *Contrat social* est de 1762 ; le métier à filer vingt fils, de 1769 ; l'édit de Turgot sur les corporations, de 1776. Voisines ainsi à leurs origines, les deux révolutions se sont, tout le long du siècle, développées selon deux plans parallèles, qui se projettent devant nous presque indéfiniment. Toutes deux étaient déjà avant 1789 ; toutes deux continuent d'être après 1848 ; aucune des deux n'est ni achevée ni vraisemblablement près de s'achever ; ralentie et comme assourdie, mais incessante et ininterrompue, la double révolution se poursuit en une double évolution.

De plus en plus il apparaît que, politiquement et économiquement, l'Etat moderne sera construit d'en bas, fondé sur le Nombre, fait pour lui, mené par lui, et, en ce sens, démocratique ; mais,

Charles Benoist

ni politiquement, ni économiquement, cet Etat n'est encore fait, ni fondé, ni construit. Le vieux monde politique et économique n'est déjà plus, mais le nouveau, promis depuis un siècle, n'est pas encore ou s'ébauche à peine. Le Nombre subitement émancipé se joue à travers toute cette matière inorganisée comme une force naturelle déchaînée à travers le chaos. Économiquement ou socialement et politiquement, l'État ancien n'a déjà plus sa forme, l'Etat moderne n'a pas encore la sienne : de grands souffles agitent la masse inconsistante, troublée du dedans et secouée du dehors : quelle sera, cette fois, la face de la terre ?

Dans l'œuvre mystérieuse qui s'élabore, si nous pouvons jouer un rôle, notre tâche à nous doit être de changer peu à peu en des éléments organisés la matière inorganisée du monde, d'apaiser et de capter les souffles, de rasseoir et de raffermir la masse, de discipliner et de diriger les forces naturelles, de canaliser et de régulariser par-là l'action du Nombre tout-puissant. En termes précis, elle doit être d'organiser politiquement et économiquement la démocratie ; et, en termes plus précis encore, pour l'organiser économiquement, d'organiser le travail, tandis que, pour l'organiser politiquement, nous organiserons le suffrage universel. Ce qu'il faut d'ailleurs entendre par « organiser le travail, » et aussi ce qu'il faut ne pas entendre par cette formule que l'abus a quelque peu discréditée, on s'efforcera de le dire clairement sur chacun des points qui seront touchés. Il ne s'agit ici que de poser le principe, qui est qu'une double crise nous impose cette double tâche ; que nous ne sommes pas maîtres de l'accepter ou de nous y dérober ; et qu'enfin nous devons le faire, parce que nous ne pouvons pas ne pas le faire, emportés que nous sommes par une double révolution.

Section I

D'abord, la révolution économique a transformé le travail en transformant l'agent, l'outil, l'instrument du travail. Quand, dans la filature, par exemple, au *Spinning-Jenny* et au *Mull-Jenny*, aux inventions d'Arkwright et de Samuel Crompton, aux perfectionnements d'Oberkampf et de Richard-Lenoir, est venue s'ajouter la machine à vapeur ; quand, à ces bras et à ces doigts multipliés comme à l'infini, elle est venue communiquer le mouvement prolongé comme à l'infini ; ce jour-là, s'est produit un fait capital et de telle conséquence qu'il en est peu sans doute d'aussi considérables parmi tous ceux que l'on retient pour en faire ce qu'on appelle l'histoire de la civilisation. En effet, ce ne sont pas seulement les instruments du travail qui s'en sont trouvés transformés, mais le travail lui-même, le travail tout entier ; je veux dire toutes les conditions et toutes les circonstances du travail ; et c'est dire que l'application de la vapeur à l'industrie, ce seul fait contenait en germe toute la révolution économique que nous avons vue se développer depuis lors, et se développer dans une direction jusqu'ici constante.

La tendance générale pourrait s'en exprimer d'un mot : cette révolution a été une *concentration*. Autour de la machine à vapeur, qui leur donnait le mouvement, se sont concentrés naturellement les instruments du travail ; et naturellement, où étaient ces instruments, s'est concentré le travail ; mais, tout naturellement aussi, où le travail s'offrait, se sont concentrés les travailleurs : donc concentration de l'outillage, concentration de l'ouvrage, concentration des ouvriers. — Première transformation : l'atelier est devenu l'usine, et le travail, de particulier ou individuel qu'il était auparavant, est devenu en quelque manière et dans quelque mesure collectif. — D'autre part, concentrés dans l'usine pour le travail, les ouvriers ont été conduits à se concentre)' autour de l'usine après le travail. Et, de la sorte, ce ne sont pas seulement les conditions et les circonstances du travail que l'on a vues brusquement modifiées du tout au tout, mais les conditions et les circonstances de la vie de l'ouvrier, dans l'usine et hors de l'usine ; de sa vie tout entière, je veux dire de sa vie matérielle et de sa vie intellectuelle ou morale. Ce n'est pas seulement le travail qui d'individuel est devenu collectif ; c'est en quelque manière la vie même de l'ouvrier, à qui un intérêt collectif évident et permanent a créé, comme le besoin appelle la fonction et comme la fonction crée l'organe, une espèce de conscience ou d'âme collective.. Par cette conscience ou cette âme, chacun de ces ouvriers réunis pour une même fin, dans une même profession, en un même lieu, a senti bien plus vivement et tout ce qui le touchait personnellement et tout ce qui touchait son groupe ; mais le groupe a senti bien plus vivement et tout ce qui,

Charles Benoist

touchant chacun de ses membres, le touchait lui-même et, avec lui, et en lui, toute la corporation. — Deuxième transformation : les ouvriers sont devenus la classe ouvrière, économiquement, sociologiquement et psychologiquement très différente.

D'autant plus que, la concentration des instruments du travail exigeant de grandes mises de fonds, il s'est passé pour le second facteur de la production, pour le capital, ce qui se passait pour le travail ; il s'est concentré de son côté, jusqu'à être un groupement de capitaux ; de même que le travail, en face de lui, le capital a pris quelque chose de collectif ; souvent lointains, uniquement présents par leur argent, et plutôt banquiers qu'entrepreneurs, anonymes vis-à-vis d'une masse ouvrière qui, elle aussi, n'est pour eux qu'une force humaine anonyme, — un tas de muscles ajouté à un tas de charbon, — mais rapprochés et resserrés entre eux dans la recherche du bénéfice, les patrons sont devenus le patronat ; du moins ils apparaissent tels aux yeux méfiants des ouvriers, qui leur prêtent volontiers, comme ils l'ont eux-mêmes, une espèce d'âme ou de conscience de classe, opposée, sinon hostile à la leur.

On ne saurait trop insister sur cet aspect *psychologique* de la question sociale ou de la question ouvrière. Tous les statisticiens, tous les économistes et tous les sociologues ont beau faire : quand même ils nous démontreraient par des chiffres irrécusables que l'ouvrier d'aujourd'hui peine moins, gagne plus, est mieux logé, mieux vêtu, mieux nourri que l'ouvrier d'autrefois, si bien que son existence, en somme, loin d'être pire, est certainement et de beaucoup meilleure, ce serait peut-être la vérité statistique, économique et sociologique ; mais ce ne serait point la vérité, car l'élément psychologique, qu'ils ne peuvent saisir et noter d'un coefficient, l'incalculable, l'impondérable leur échappe, qui vient tout fausser. Oui, si l'on veut, il y a, aujourd'hui, moins de misère et pour moins d'hommes qu'autrefois ; oui, si l'on veut, il y a, sous certains rapports, moins d'inégalité ou même plus d'égalité. Mais la fatalité, ou plus exactement la loi de *concentration* qui, à travers le siècle, régit la révolution économique, en rassemblant les ouvriers, et, par le contact habituel, en les imprégnant, pour ainsi parler, de la notion diffuse de leur solidarité, en « articulant » ce grand corps de la masse ouvrière, en le « vertébrant, » en lui donnant ce qui lui avait manqué jusqu'alors, des centres nerveux, un système nerveux central ; cette loi d'universelle concentration a fait que jamais la misère de chacun n'a semblé à tous plus lourde que depuis qu'elle s'est réellement allégée, et que jamais l'inégalité n'a autant pesé que depuis que la plus solennelle des promesses a aussi généreusement qu'imprudemment allumé au cœur des foules l'ardent désir de l'égalité parfaite.

Or, dans le même moment où la révolution économique opérait cette concentration du travail, et par elle cette transformation sociologique et psychologique des travailleurs, en ce moment-là même, la révolution politique opérait, par la proclamation du suffrage universel, une transformation non moins profonde. Rarement la bourgeoisie, qui, en France, avait peu à peu pris goût au jeu périlleux de l'émeute, sans distinguer très nettement une fronde d'une révolution, avait fait contre elle-même, croyant le faire contre d'autres, un acte plus vraiment révolutionnaire.

Révolutionnaire, en effet, un pareil acte l'était de toutes façons. Il l'était d'abord et en soi, puisque la proclamation du suffrage universel était avant tout la réponse directe et catégorique au refus opiniâtre d'adjonction des capacités. Ensuite il l'était dans sa forme, puisqu'il venait à la suite de manifestations violentes. Mais il l'était encore davantage par la rapidité soudaine du procédé, puisque subitement, tout d'un temps, sans moyens et d'un extrême à l'autre, il faisait passer le corps électoral de 240 000 inscrits environ à environ 8 millions, que d'un seul coup il le décuplait trois fois et au-delà. Si l'on songe que ce n'étaient pas du tout des unités de même ordre ou des éléments de même nature qui se trouvaient ainsi introduits par irruption brusque et presque illimitée, mais des unités irréductibles, des éléments qui, loin de se combiner, s'opposaient et allaient s'opposer de plus en plus, ce chiffre formidable d'une multiplication par 33 suffit à mesurer la portée de la révolution qui s'accomplissait.

La première tranche de 240 000 représentait un système d'intérêts, une manière de vivre et de penser, une couche de la société ; et les trente-deux autres tranches, au contraire, représentaient des intérêts qui peut-être ne se confondaient pas ensemble, des idées, des couches sociales qui sans doute n'étaient pas toutes semblables entre elles, mais qui se ramenaient encore bien moins et ressemblaient encore bien moins à ce que voulaient, pensaient et étaient les Deux cent quarante mille. Censitaires à deux cents francs, ils étaient comme le lit d'argent sur lequel reposait la monarchie de Juillet ; et l'allégorie était simple et criante : ce régime fondé sur l'argent, en un jour renversé et remplacé par tout ce qui, dans la nation, n'avait pas l'argent, par tout ce qui n'était point l'argent. En ce point se rejoignaient la révolution économique et la révolution politique : la véritable révolution était là ; elle n'était pas dans les journées de Février qui n'avaient fait que de jeter bas un trône et d'improviser une République, soit, au total, que de changer la figure, l'apparence, l'aspect extérieur de l'Etat ; elle était là, dans l'établissement du suffrage universel, qui, du sommet à la base, et jusqu'à en muer la substance et l'essence, bouleversait à fond l'Etat tout entier.

Désormais l'Etat tout entier allait porter, non plus sur ce lit d'argent, assez mince, des 240 000 électeurs censitaires, mais sur l'épaisse accumulation des trente-deux couches d'électeurs populaires, à moins de deux cents francs ou à rien. Soit au repos et dans sa statique, soit en action et dans sa dynamique, l'Etat aurait désormais, soit comme base, soit comme moteur, le Nombre ; l'introduction du Nombre dans la mécanique de l'Etat concorde donc et peut se comparer absolument avec l'introduction de la vapeur dans la mécanique des métiers. De même que l'une avait prodigieusement accru et sous tous les rapports transformé le travail industriel, ainsi l'autre allait notablement accroître et transformer radicalement le travail d'Etat. En première ligne la législation, qui en est le principal produit. Car, dans l'Etat, d'une part, tout doit désormais se faire par la loi, et, d'autre part, la loi ne peut se faire que par le Nombre. La conséquence nécessaire est que, faite plus ou moins directement par le Nombre, mais dans tous les cas inspirée par lui, la loi sera plus ou moins franchement faite pour le Nombre, et l'Etat lui-même tourné au profit du Nombre.

Ainsi, et simultanément, le Nombre était transformé par la concentration de l'industrie ; l'Etat transformé par l'omnipotence de la loi ; la loi enfin transformée par la prépondérance, non balancée, du Nombre. Tandis qu'auparavant on avait légiféré pour la propriété, et presque uniquement pour elle, maintenant on allait légiférer presque uniquement pour le travail ; ou du moins jamais à présent le travail ne serait oublié, et toujours, dans toute la législation, on se placerait de préférence au point de vue du travail. Le Code civil de 1804, pour des raisons qui se devinent et sur lesquelles il n'y a pas lieu d'appuyer : — ignorance forcée ou volontaire de la grande industrie à peine naissante ; haine et terreur de la corporation dégénérant en terreur et en haine de la simple association ; nécessité de reconsolider la terre de France que la vente des biens nationaux avait brutalement mobilisée ; — pour toutes ces raisons, et parce que ses rédacteurs étaient des hommes du XVIIIe siècle plutôt que du XIXe, des bourgeois et des gens de parlement, des légistes nourris de Pothier et des physiocrates imbus de Quesnay, le Gode civil n'était guère que le code de la propriété ; mais voici qu'allait désormais se constituer et que déjà s'ébauchait un code du travail, dont les décrets de février et de mars 1848 sont comme les premiers articles.

A partir du point de jonction des deux révolutions économique et politique, à dater du jour où la proclamation du suffrage universel transférait au Nombre conscient ou convaincu de sa misère le pouvoir législatif, c'est-à-dire le pouvoir ou l'illusion de pouvoir atténuer, sinon guérir sa misère par la loi, il était évident et il était inévitable que la législation, changeant d'auteur prochain ou lointain, changerait d'objet et changerait de nature. Dans toute société et en tout temps, partout et toujours on sait qu'il y a deux partis, et que, au bout du compte, il n'y a que deux grands partis. Il y a ceux qui possèdent et qui veulent garder ; ceux qui ne possèdent pas et qui veulent, — sans doute serait-il excessif de dire : qui veulent prendre, — disons donc ceux qui n'ont pas et qui veulent avoir [1]. Mais comment la législation serait-elle la même, faite par ceux qui ont ou par ceux qui n'ont pas ? Le regard exercé de Tocqueville ne pouvait s'y tromper : alors que ses contemporains ne voyaient qu'une des deux révolutions, il voyait les deux, et déjà, lui seul, peut-être, si d'autres l'ont répété depuis, il disait le mol de l'homme d'Etat : « Il est contradictoire que le peuple soit à la fois misérable et souverain. » Derrière cette contradiction logique, il distinguait clairement la concordance des forces et la convergence des mouvements, la double transformation du législateur et de la loi, la double révolution politique et économique [2]. La loi changée, le législateur changé, le peuple misérable devenu le peuple souverain, c'était le peuple employant sa souveraineté contre sa

Charles Benoist

misère, et c'était non seulement tout l'Etat retourné, mais toute la société remuée.

Car, par la transformation quotidienne et incessante de la loi, par la juxtaposition et la substitution progressive d'un code du travail au code de la propriété, ce n'est ni plus ni moins que la société elle-même qui se transforme. Transformation encore sourde et peu perceptible, celle-là. Le bruit que font les destructeurs et reconstructeurs de sociétés autour de leurs théories et de leurs plans d'ensemble empêche d'apercevoir le fait dès maintenant accompli ou en train de s'accomplir ; ils chargent tellement l'avenir qu'on s'habitue à prendre en patience le poids du présent ; la menace de l'invasion endort sur les dangers de l'infiltration. Cependant la société n'est déjà plus la même dans les mêmes cadres ; et, pour continuer de marquer la distinction entre l'aspect extérieur des choses et leur réalité, si, dans sa forme et dans ses apparences, le contenant n'a pas encore trop sensiblement varié, le contenu n'est pourtant plus, en son fond et dans sa substance, identique à ce qu'il était jadis.

Pour s'être faite en majeure partie pacifiquement, une révolution sociale, — la plus *réelle* de toutes les révolutions, — ne s'en est pas moins faite, double à ses origines et en ses procédés, une à son aboutissement ; ou plutôt, pour se poursuivre et se faire par les voies légales, cette révolution ne s'en fait et ne s'en poursuit pas moins. Quand le peuple « misérable » est' devenu en même temps « le peuple souverain, » la législation est devenue comme le grand chemin de la révolution ; et sur ce chemin, chaque pas n'a plus laissé sa trace sanglante, mais, depuis lors, sans bien savoir où nous allons, sans même bien sentir que nous marchons, nous ne nous sommes plus arrêtés.

Section II

Quo vadis ?… Il est temps de nous interroger : où le chemin de la révolution par la législation nous conduit-il ? Car cette révolution, encore une fois, n'est pas achevée et ne peut pas l'être ; on ne saurait lui assigner un terme, on ne pourrait en tracer la courbe que si l'on pouvait assigner une limite, en prédisant leur succession, aux

14

inventions et découvertes capables de modifier de nouveau, dans le même sens ou en sens contraire, les conditions matérielles du monde. Je dis : dans le même sens ou en sens contraire, et il faut le dire, puisque nul ne peut affirmer que, domestiquées et pliées à notre service, agissant par nous et réagissant sur nous, ce sont toujours les mêmes forces naturelles qui agiront, ni qu'elles agiront toujours les mêmes, ni par conséquent qu'elles réagiront toujours dans la même direction sociale.

Cette direction, comme on l'a déjà remarqué, semble jusqu'ici avoir été constante depuis l'application de la vapeur aux usages industriels ; autrement dit, depuis le début, ou presque le début de la révolution économique. Elle a tout de suite tendu à une concentration générale et croissante des instruments de travail, du travail, des travailleurs, des facteurs de la production et des sources de la richesse ; en cela d'abord opposée à la tendance fortement et obstinément accusée de la révolution politique vers un extrême individualisme. La révolution politique, en broyant et pulvérisant la nation, en brisant la classe, l'ordre, la corporation, qui étaient comme les matrices de la société ancienne, avait isolé l'homme, et, l'isolant, l'avait *individualisé*. Mais cet individu qu'isolait la révolution politique, au fur et à mesure qu'il se dégageait, la révolution économique le reprenait, et, d'une poussée continue, le regroupait, le *resocialisait*. Une idée-force l'avait tiré de la corporation, la matière-force le rejetait dans l'association. Non seulement la vapeur, dans une même entreprise, concentrait le travail autour d'un moteur commun ; mais, dans un même genre d'industries, se concentraient les entreprises, les plus grandes absorbant peu à peu les plus petites, et peu à peu s'élargissant en cercles de plus en plus vastes ; cependant que les autres causes de réunion des industries, soit du même genre, soit de genres divers, en un même endroit, ne cessaient pas, pour leur part, de concourir au même effet ; causes de toute espèce : qualités physiques ou chimiques du sol, de l'air, de l'eau, position géographique dans une baie bien abritée, sur l'estuaire d'un fleuve navigable, population déjà agglomérée, pouvant fournir à bon marché une main-d'œuvre abondante ; avantages économiques enfin, tels, pour n'en citer qu'un, que la facilité et la rapidité des communications et des transports [3].

Charles Benoist

Ainsi, par la concentration du travail dans une même entreprise, des entreprises dans une même industrie, des industries dans un même lieu, se reformaient et se resserraient des groupements, qu'il est bien permis de qualifier de naturels, étant le produit de forces naturelles. L'homme, que la révolution politique avait individualisé quand elle l'avait chassé hors de la corporation, de l'ordre ou de la classe, la révolution économique, à son tour, et aussitôt après, venait le *resocialiser* en le poussant, qu'il le voulût ou non, dans l'association, dans une association qui n'est libre que par rapport justement à la corporation d'autrefois, moins fermée qu'elle, mais comme elle, quoique pour d'autres motifs, quasi inéluctable.

A cette association qui de plus en plus devait se rapprocher de la corporation, — mais d'une corporation ouverte, sans exclusion ni privilège à l'entrée, — il était d'autant plus difficile que les ouvriers pussent se soustraire, et d'ailleurs ils en auraient d'autant moins l'envie, que, le capital comme le travail ayant pris quelque chose de collectif, en face du capital associé, le seul contrepoids, la seule chance d'équilibre, la seule garantie de justice pour eux, ne pouvait être que dans le travail associé. Mais, au contraire, groupés par le fait, comment n'eussent-ils pas aspiré à s'associer pour le droit ? La nécessité elle-même les en pressait ; elle-même, la force naturelle dont ils étaient les conducteurs, et avec laquelle ils collaboraient dans l'usine, les y portait bon gré mal gré. Pendant la première moitié du siècle elle les y porta contre la loi, imbue de cet individualisme extrême qui était l'esprit de la révolution politique ; puis, lorsque, la révolution économique s'y mêlant, le législateur et la législation furent changés, elle les y porta avec et par la loi. Ils avaient eu d'abord à remonter le courant ; ensuite ils l'avaient détourné, et ils le descendaient, en s'y laissant aller.

L'association réapparaissait donc, nécessaire et fatale, en quelque sorte, comme l'effet mécanique du jeu d'une force naturelle ; aussi pourrait-on dire que, si cette force restait constante, et tant qu'elle le resterait, le sens de l'évolution sociale, comme elle, demeurerait constant ; que l'association jouerait le plus grand rôle dans les constructions, soit politiques, soit économiques, de l'avenir ; et que l'Etat lui-même, à la longue, ne serait guère plus que l'association des associations. En ce cas-là, ceux qui dès maintenant parlent d'une « souveraineté future » des syndicats professionnels confédérés [4], bien que sans doute ils en aient parlé un peu tôt, verraient peut-être leur hardiesse justifiée, et peut-être n'auraient rien avancé de trop téméraire.

Seulement cette force restera-t-elle constante ? Sera-ce toujours elle qui agira ? Sera-ce toujours elle qui fera agir ? Cela revient à demander : la machine par excellence, le grand moteur industriel, sera-ce toujours la machine à vapeur ? Et si, comme les meilleurs juges ne sont pas éloignés de le croire, la vapeur est destinée à disparaître ou à déchoir un jour, si un jour elle doit faire place à d'autres forces, les forces de demain agiront-elles dans la même direction sociale ?

La force électrique, par exemple, n'agira-t-elle point tout différemment ? Là où la vapeur avait *concentré*, ne fournissant l'énergie que sur place, auprès de la chaudière, il se peut que l'électricité *déconcentre*, transportant l'énergie à distance et distribuant le mouvement à domicile. Mais le mouvement à domicile, ce serait la fin de l'usine, et la fin de l'usine, ce serait la dispersion des ouvriers que la vapeur avait rassemblés autour de l'usine. Moins étroitement groupés par le fait, les ouvriers éprouveraient très probablement beaucoup moins le besoin de s'associer pour le droit. En contact moins immédiat et moins fréquent les uns avec les autres, qui sait s'ils ne reperdraient pas ou tout au moins ne laisseraient pas s'émousser le sentiment de leur intérêt de classe, et sommeiller l'espèce d'âme ou de conscience collective qu'un contact perpétuel et obligé leur avait faite ? Mais alors qui ne voit que les données, industrielle, économique, psychologique, tous les facteurs du problème changeant, et se renversant presque, la solution n'en serait plus à chercher où on la cherche ordinairement, et qu'il pourrait y avoir un rebroussement dans la direction que l'évolution sociale paraissait suivre ?

Assurément, même comme hypothèse, et avec des points d'interrogation, une telle proposition ne peut être énoncée sans distinctions et sans nuances, sans précautions et sans réserves. En effet, si la dépossession de la vapeur par l'électricité doit avoir pour résultat de déconcentrer le travail dans chacun des centres où parviendra la force, — et c'est ce qui se passe déjà à Lyon, à Saint-Etienne et à Genève [5], — cependant, jusqu'à ce que le rayon de transport ait été allongé indéfiniment, les industries resteront concentrées dans un champ assez restreint autour de l'usine productrice de force ; d'autre part, les causes physiques, géographiques ou économiques qui contribuent au groupement des industries en un même lieu ne cesseront pas d'intervenir, de les retenir à proximité d'un marché ou d'un débouché ; et, d'autre part encore, la distribution de force à domicile se fera surtout dans les industries où l'ouvrier façonnier relève d'un gros fabricant qui emploie un très grand nombre d'ouvriers, lesquels garderont ainsi vis-à-vis du patron un intérêt commun ; tout n'agira donc pas absolument, sans résistance ni compensation, dans le sens d'une *déconcentration*, d'une *dissociation*, d'une *réindividualisation* du travail et des travailleurs. Mais la tendance générale n'en sera pas moins celle-là ; et, comme, auparavant, elle allait généralement à la concentration, généralement il est probable qu'elle ira à une déconcentration, — à une certaine déconcentration, — de l'industrie, et par suite qu'il se produira une certaine *décongestion* des centres sociaux.

De toute manière, on ne risque rien d'affirmer que la position de la question sociale, qui n'eût évidemment pas été la même sans les applications industrielles de la vapeur, ne sera évidemment point la même après la domestication industrielle, plus facile et plus complète, de l'électricité. C'est une vérité, en elle-même banale, dont les socialistes, les sociologues, et quiconque, en un mot, s'occupe de la science ou du gouvernement des sociétés, feraient sagement de s'habituer à tenir compte.

Section III

Quoi qu'il en soit, ce n'est encore qu'une vérité de l'avenir. Sur cet avenir, on vient de le voir, nous ne nous interdisons point de jeter les yeux ; mais c'est surtout le présent dont nous avons souci, parce que c'est le présent dont surtout nous avons charge et que c'est sur le présent surtout que nous avons prise. Avant même de savoir où va la double révolution, nous avons besoin de savoir où elle en est, afin de savoir ce que nous avons à faire. Si jamais quelque part et en quelque temps il s'est agi, non de philosopher, mais de vivre, c'est aujourd'hui et c'est ici. Matière non de philosophie, mais de vie, ou matière aussi de philosophie, mais selon la vie et pour la vie. Par-là déjà, la méthode est toute tracée. Comme il n'y a que la vie qui crée la vie, et puisqu'il s'agit de vivre, c'est à l'étude de la vie que nous nous devons appliquer. Nous ne refuserons pas le secours des livres, mais, comme la vie elle-même est le premier des livres, nous ne retiendrons que ceux qui sont, si l'on peut le dire, de la vie saisie et conservée. Des doctrines en tant que doctrines, nous tâcherons de nous dégager ; de n'être *a priori*, et toujours et quand même, ni « économiste, » ni « socialiste, » ni « libéral, » ni « étatiste ; » aux livres comme à la vie, nous ne demanderons que des faits ; et, n'attendant d'eux aucune complaisance, nous ne demanderons les faits qu'à l'observation directe ou indirecte, mais également scrupuleuse et sincère. Il faudrait apporter en ces choses de la vie autant d'impartialité sereine qu'on en apporte aux choses de la science ; là aussi, il faudrait « se placer dans la position d'indifférence du naturaliste qui observe ; » il faudrait, faisant taire au dedans de soi-même les voix du préjugé, de la passion, de l'intérêt personnel ou de classe, — toutes les voix troublantes, — arriver à se mettre en une sorte d'état de grâce intellectuelle. Et certes cela n'est point aisé, mais il le faut.

Dans le domaine de la science pure, l'objet de l'observation peut être tout à fait étranger à l'observateur : au chimiste, par exemple, qui regarde se former un précipité, peu importe d'obtenir du vitriol ou du sucre ; et, que ce soit du sucre ou du vitriol, il n'en sera rien de plus ni rien de moins pour lui, sauf peut-être la joie de voir se confirmer ou la déception de voir s'écrouler une hypothèse. Pour le naturaliste, du moins pour le physiologiste qui étudie le corps humain, l'objet de son observation lui est déjà moins extérieur ; il n'est déjà plus aussi désintéressé que le chimiste ; il s'agit de lui puisqu'il s'agit de l'homme ; cependant, que tel organe fonctionne de telle ou telle manière, il n'y peut rien, et il le sait, ce qui l'aide à se placer dans cette position d'indifférence qui est une des conditions de la science. Mais à pas un de ceux qui observent les sociétés l'objet de son observation n'est tout à fait extérieur ; parce qu'il est homme, rien de ce qui est humain ne lui est étranger ; et parce qu'il croit pouvoir le diriger ou le corriger, rien de ce qui est social ne lui est indifférent : il n'arrive donc, s'il y arrive, qu'en se faisant violence, à l'indifférence scientifique. Toutefois cette indifférence est ici non pas seulement une des conditions de la science, mais une des conditions de l'action ; pour corriger sans erreur et diriger sans à-coups la marche des sociétés, il faut avoir commencé par en observer impartialement la structure et l'état ; la politique l'exige autant que la science même, et ce n'est pas Herbert Spencer qui recommande là-dessus « l'indifférence du naturaliste, » c'est Bismarck [6].

Une autre difficulté, et qui n'est guère moindre, en matière de questions sociales, vient d'ailleurs de l'extrême variété de la matière, de la multiplicité et de la complexité de ces questions. Depuis un siècle, et surtout depuis un demi-siècle, le travail est de tous les phénomènes sociaux le phénomène prédominant. Il n'est sans doute pas à lui seul toute la société, mais il est devenu vraiment comme l'axe autour duquel tourne toute la société, ou comme l'âme qui la fait toute sentir et vivre toute. On ne saurait toucher au travail en un point sans provoquer à travers tout le corps social, et d'une de ses extrémités à l'autre, des séries et des séries d'incidences et de répercussions. Aussi est-il certainement légitime, — à qui veut traiter de la crise de l'État moderne sous son aspect social et de la solution de cette crise ou de la réforme de cet Etat, mais ne pourrait embrasser toute la société dans une synthèse aussi vaste qu'elle-même, — de procéder sur elle par une analyse, sous l'espèce choisie du travail. Mais ce n'est pas déjà une petite affaire ; en effet, pour donner ce que scientifiquement et politiquement on ose en attendre, une telle analyse devrait être à la fois impartiale et totale ; et, pour l'être, elle devrait, n'oubliant aucune distinction, ne faisant aucune confusion, ne négliger aucune de ces répercussions et de ces incidences. Après le travail à l'état normal et comme en pleine santé, — *travail en soi* et *circonstances du travail*, — elle devrait porter sur les *maladies du travail*, et sur l'*hygiène* ou la *médecine*, la *thérapeutique du travail* ; de l'apprentissage à la retraite, en passant par le chômage, par les grèves, par les accidents, en notant ce que gagne l'ouvrier, ce qu'il dépense et ce qu'il épargne, comment il est nourri, comment il est logé, quand il commence et où il finit, de quoi il existe et de quoi il meurt, elle devrait parcourir le cycle tout entier ; et, alors, de tous côtés apparaîtraient les innombrables implications et imbrications de ce fait, de ce phénomène, à première vue assez simple, du travail, dans le réseau, dans le lacis des faits ou phénomènes sociaux. Alors, en se nouant, se tendant, s'épaississant

Section III

et se serrant sans cesse, s'entre-croisent la chaîne et la trame du tissu social, tant et si bien que, partis de l'acte un et élémentaire qu'accomplit machinalement l'ouvrier qui lève son marteau ou qui pousse sa navette, nous nous retrouverons très loin, à l'autre bout de la société, ayant vu se dérouler tout entier devant nous le phénomène du travail, avec les mille phénomènes secondaires ou réflexes qu'il contient ou qu'il commande, les mille vies qui se mêlent à la plus humble des vies, et cela, sans avoir quitté le même ouvrier, sans être sortis de la même profession. Mais alors, cette analyse du travail, qui, pour être vraiment scientifique, devrait être non seulement impartiale, mais totale, — c'est-à dire n'omettre rien ni personne, et tout exprimer de toutes les professions, — comment se flatter de la pouvoir faire totale, si les instructions données aux agents chargés du dernier recensement de l'industrie en Belgique n'énumèrent pas moins de cent soixante-douze professions ou métiers, et si le projet de nomenclature présenté au *Congrès international de statistique*, à Chicago, en 1893, allait bien au-delà, jusqu'à cinq cents, exactement jusqu'à quatre cent quatre-vingt-dix-neuf [2] ?

Ce serait folie de songer, même un instant, à suivre et à prétendre débrouiller, dans l'écheveau des faits sociaux, le cas personnel de chacun des millions d'hommes qui vivent d'un millier de vies dans chacune de ces cinq cents professions. Quelque objection qu'on puisse donc élever contre le procédé des « moyennes, » notamment qu'elles ne correspondent à rien dans la réalité, et que le seul être qui n'existe pas est justement l'être moyen qu'elles enfantent *in abstracto*, malgré tout, on sera bien souvent obligé d'y recourir. De même pour les *monographies*. S'il est impossible, — et il l'est parfaitement, — de prendre un à un tous les ouvriers et de les accompagner pas à pas, à travers toutes les implications et toutes les imbrications du travail, de ses circonstances, de ses maladies et des remèdes qu'on y peut chercher, force sera bien de s'en tenir, pour chaque profession, à un ouvrier-type. Mais, comme il serait impossible encore, ne fît-on que cela, de le faire pour toutes les professions, il faudra donc, en ce fourmillement de cinq cents métiers, s'arrêter à quelques professions-types, et se contenter de dresser comme des *monographies d'espèces*.

Sans doute on n'obtiendra ainsi qu'une approximation par

Charles Benoist

simplification, mais, d'approcher par simplification de la vie et de la vérité sociales, c'est tout ce qui nous est permis ; nous ne pouvons jamais plus ; et même, pour en approcher seulement, que de simplifications déjà n'a-t-il pas fallu faire ! Si le travail est comme un phénomène composé de phénomènes qui, de l'un à l'autre, et tous du premier au dernier, s'appellent, s'engendrent, s'enchaînent et s'engrènent, et qui, pour le même ouvrier, sont en une mutuelle et perpétuelle interdépendance, une interdépendance non moins étroite relie entre eux tous les ouvriers, et une autre, les ouvriers aux patrons dans la même profession. Puis, combien d'autres interdépendances encore : des diverses entreprises dans la même industrie, des diverses industries dans le même pays, des mêmes industries dans les divers pays, enfin des diverses industries dans les pays divers ! Et le lien, sans doute, va s'amincissant à mesure qu'il s'allonge, soit en raison de la distance plus grande entre les divers pays, soit en raison de la différence plus grande entre les diverses industries, mais il n'est jamais tout à fait rompu ; le monde est comme enveloppé d'un immense filet dont les mailles sont plus claires et plus lâches vers les bords ; on ne peut toucher à une seule, sans qu'elle tire à soi toutes les autres, ou ne soit attirée par elles.

Mais, ainsi que de l'espace il surgit des interdépendances, il en surgit aussi du temps ; et ce sont autant de rapports de solidarité qui unissent dans te travail l'humanité de là-bas avec l'homme d'ici et l'homme d'aujourd'hui avec l'humanité d'hier et l'humanité de demain. Lors donc que nous nous bornons à constater les plus apparentes, éliminant les plus cachées, nous faisons, — et ne nous abusons pas, — de l'approximation par simplification. Encore sont-elles toutes de celles que les statistiques peuvent rendre ; mais, — ne nous y trompons pas non plus, — les statistiques n'embrassent et n'étreignent que les faits matériels susceptibles d'être traduits par des chiffres ou figurés par des diagrammes : le facteur psychologique, plus subtil, quoique aussi important, leur échappe. Aussi important, et peut-être davantage : car, entre tous les changements qu'a opérés la transformation de l'industrie, la concentration du travail, il n'en est pas de plus grand que le changement introduit dans l'âme ou la conscience de l'ouvrier ; à telles enseignes qu'il n'y aurait point de paradoxe à dire que la révolution économique elle-même a été par-dessus tout psychologique. Voilà le fait, et pour immatériel qu'il soit et inaccessible à la statistique, c'est un fait : de n'en pas tenir compte ou de n'en pas tenir assez de compte, fausserait tout. L'observation directe ne saurait, par conséquent, servir à rien de plus utile qu'à le rétablir dans notre analyse ; mais, s'il y doit être rétabli, on voit que la question, même simplifiée, reste très complexe, et que la tâche, même restreinte prudemment, demeure très lourde.

Toutes ces interdépendances, toutes ces solidarités font d'ailleurs qu'en un certain sens et d'un certain point de vue, une seule vie est toute la vie, un seul homme est tous les hommes, et la seule question du travail est sinon toute, du moins presque toute la société. Comme c'est une question de *vie*, et intéressant tous les hommes, une question d'*humanité*, il la faut aborder sans doute, si tant est qu'on ne l'ait pas trop dit et dit un peu à tort et à travers, « d'un cœur humain et fraternel. » Comme on pourra, chemin faisant, rencontrer douleur et misère, et des misères parfois imméritées, qui ressemblent alors à des iniquités ; comme, certainement, on en rencontrera, il faudra donc aimer et vouloir la justice. Mais, d'autre part, comme on entend bien moins faire œuvre de science qu'œuvre de politique, comme ici chaque problème se pose non en spéculation pure, mais en application pratique, il faudra se résigner, aimant toute la justice, à ne vouloir pourtant que le juste possible, et à vouloir d'abord le juste le plus sûrement et le plus vite réalisable.

Pour cela, il faut voir *réel*, voir *complet*, voir d'abord le présent immédiat, *tout près* et *tout de suite*. Ce fut, parmi bien d'autres, l'erreur de 1848, de regarder trop loin, et de ne pas voir en perspective. Le propre secrétaire de la *Commission de gouvernement pour les travailleurs*, le bras droit de Louis Blanc au Luxembourg, Pecqueur, écrivait : « Nous recherchons *la formule de ce qui doit être, indépendamment du milieu actuel de la France et du monde. Rien de plus capital à nos yeux que cette exploration de l'idéal et même de l'utopie.* » Mais non ! c'est la position diamétralement opposée qui est la bonne : *rien de plus vain que cette exploration de l'utopie et même de l'idéal*, et nous chercherons, nous, partant de ce qui est, la formule de ce qui peut être, dans le milieu actuel du monde et de la France.

Voir tout de suite, voir tout près, voir réel. Là comme ailleurs et plus que partout ailleurs, *les mauvais ennemis, les diables qui ensemencent le champ d'ivraie*, c'est l'imagination et le sentiment, c'est la politique conjecturale et la politique sentimentale [8] ; il y en a un troisième, la « phrase ; » contre eux trois, armons-nous du fait, et qu'il nous serve à percer le grand mirage des rêves, le grand brouillard des larmes, et le grand mensonge des mots. Cuirassons-nous d'un réalisme, je n'ose dire impitoyable, — car qui bannirait la pitié, ne pouvant bannir la souffrance ? — mais, il le faut, imperturbable, et qui n'étouffe pas les battements du cœur, et qui reçoive ses suggestions, mais qui, du moins, les compare toujours, et les confronte, et les conforme aux faits. Non seulement voir réel, mais voir *complet* ; tâcher, sinon de voir tout, puisque tout c'est trop, de voir toutes les faces de ce que nous verrons, et chaque chose à sa place, avec sa valeur, en ses proportions et dans sa relation avec les autres choses. Du fond de l'espace et du temps, en ne considérant que le seul phénomène du travail et ses ramifications, nous avons fait lever une multitude d'interdépendances et de solidarités dont beaucoup d'inattendues et quelques-unes même de contradictoires. L'expérience montre que, lorsqu'on frappe en un seul point le corps social, le coup se prolonge en incidences et en répercussions qu'il était difficile et néanmoins qu'il serait nécessaire de prévoir toutes. Faute, en effet, d'avoir prévu, ou pour avoir un instant oublié telle de ces répercussions et de ces incidences, on risquerait de verser en ce que Spencer a appelé « le péché des législateurs, » et, voulant le bien, de faire le mal, ou de ne faire un petit bien qu'au prix d'un plus grand mal. C'est de quoi l'on doit rigoureusement se garder, et pourquoi, plus encore que si l'on n'observait que pour savoir, on doit s'efforcer de bien voir, quand on observe pour agir.

Agir, mais en a-t-on le droit ? — Scrupule honorable, mais un peu naïf et un peu tardif : dans les temps de révolution, toutes les questions se posent non en droit, mais en fait. Celle-ci la première, et, quoi qu'on en puisse penser en droit, qu'elle se pose inévitablement en fait, par cela seul elle est tranchée, sommairement, mais définitivement. En fait, demander : « En a-t-on le droit ? » se ramène à demander : « Le peut-on ? » ou plutôt : « Peut-on ne pas agir ? » Mais, au fond, qui est-ce que : *On ?* — *On*, c'est l'État, l'Etat moderne ; et qu'est-ce que l'Etat moderne ? C'est « le Peuple misérable et souverain ; » c'est « le Nombre malheureux et législateur ; » c'est lui et ce sont ceux qui le représentent ou qui le conduisent ; ce sont les pouvoirs publics de tous les degrés, lesquels sont issus de lui, et ne sont que par lui ; c'est tout ce qui détient un fragment de l'autorité, une parcelle de la puissance, et qui ne les détient qu'en son nom et pour son usage. Pesez bien ces termes : « le Peuple misérable et souverain, » dans un Etat qui de bas en haut et de haut en bas est fondé uniquement et exclusivement sur le Nombre, qui ne se meut que par le Nombre, dont le Nombre est à la fois l'origine et la fin. Rangez ensemble, sur deux colonnes, selon les deux grands partis qui se partagent toute nation, les unités de même nature : additionnez-les ; réfléchissez que, de même que le plus grand résultat de la révolution économique a été une transformation psychologique de l'ouvrier, l'effet le plus sûr de la révolution politique a été une transformation juridique de l'Etat ; l'une a donné au Nombre la volonté d'agir, l'autre lui en a donné le moyen : dites maintenant si la combinaison du mobile et du moyen ne doit pas fatalement déterminer l'action, et si l'Etat, né de cette double transformation, de cette double révolution, peut désormais ne pas agir. — Non ; il ne le peut pas : le tout est donc qu'il agisse pour un bien certain et sans aucun mal, ou du moins pour le plus petit mal et le plus grand bien ; à cette intention, que peut-il faire ?

Une seule chose, une chose considérable. Toute Révolution s'assied ou s'apaise dans une organisation. Le Code civil de 1804, — ce code de la propriété, — c'est, après tout, la Révolution de 1789 organisée, régularisée et légalisée. Pourquoi un Code du travail ne pourrait-il pas, à son tour, légaliser, régulariser, organiser enfin la double révolution dont le rapide courant nous entraîne depuis 1848 ? En elle-même et nécessairement, la force-travail n'est pas plus perturbatrice, plus destructrice, plus négatrice de l'Etat que la force-argent ; pourquoi l'Etat, ayant organisé la propriété, ne pourrait-il pas organiser le travail ? Et pourquoi, le pouvant, n'en aurait-il pas le droit ?

La solution est là, dans la pacification par l'organisation. Mais c'est un tort de dire : la solution ; il faut dire : les solutions. Pas plus qu'il n'y a ici de question une et simple, il n'y a de solution une et simple ; autant de questions, autant de solutions ; il n'est pas sûr que l'Etat puisse toujours agir, il n'est pas sûr qu'il ne puisse jamais agir, mais il est sûr qu'il ne pourra pas agir partout et toujours

Charles Benoist

de la même façon ; — et aussi bien, puisque c'est par un code qu'on agirait, tout code n'est-il pas distribué par espèces et rédigé par articles ? — Viser à l'unité et à la simplicité de la solution, ce serait reprendre les errements condamnés, et de nouveau tenter l'exploration de la chimère et de l'utopie, et de nouveau se vouer à l'impuissance et au néant. Nous qui ne voulons point quitter les régions mieux connues, la terre ferme de la réalité, et qui nous proposons d'atteindre, non ce qui devrait être, mais ce qui peut être, par ce qui est, au lieu d'une solution « globale » à la question posée en bloc, nous ne poursuivrons modestement que des solutions partielles à des parties de la question. Au moment de conclure, nous referons à l'envers le chemin que nous aurons fait en décomposant, en analysant les implications, les imbrications du travail, en filant le fil de ses répercussions et de ses incidences ; et, rapprochant, recomposant, réunissant les solutions partielles, nous estimerons avoir réussi suffisamment, si nous en tirons une compensation acceptable à la solution intégrale qui nous fuit.

Ce ne sera ni de l'éternel, ni de l'universel ; mais nous n'en sommes plus à refondre l'univers, ni à bâtir pour l'éternité. Auguste Comte l'a justement et fortement noté : « Toutes les questions humaines, envisagées sous un certain aspect pratique, se réduisent nécessairement à de simples questions de temps. » C'est une ironie que de répondre, d'un ton de détachement supérieur, aux revendications d'hommes qui sont maintenant, que tôt ou tard, à la longue, dans quelques siècles, « la masse de notre espèce finira par éprouver, « après des troubles transitoires, » une amélioration réelle et permanente,… comme si la vie de l'homme n'était pas fort loin de comporter une durée indéfinie [2]. » Le plonger dans un désespoir sans issue serait aussi coupable, aussi peu scientifique, aussi peu politique que de le bercer d'une espérance sans bornes. Mais, de leur côté, ceux qui passent seraient mal venus à écarter avec dédain ce qui peut passer, et du provisoire est, en somme, suffisant pour le provisoire. Les générations d'hommes, les sociétés, les humanités se succèdent dans l'humanité qui paraît demeurer la même, et ne font que planter des tentes. Avant de plier celle qui nous abrita, et pour ne pas aller devant nous à l'aventure, regardons derrière nous et autour de nous. Le plus sage est de chercher d'abord où nous sommes et d'où nous partons : c'est, en effet, la première chose à savoir. Et la première chose à faire, puisque la double révolution dont procède l'Etat moderne s'est opérée et développée sous l'action convergente des faits, des idées et des lois, est de bien marquer quelle fut, durant ce siècle, sur le travail, sur le Nombre, sur l'Etat, l'action de la double révolution par les faits, par les idées et par les lois.

Notes

1.   C'était une classification chère à M. de Bismarck, et elle est généralement juste.

2.   De son côté, et dès le mois de juillet 1847 (Introduction à la cinquième édition de son célèbre petit livre Organisation du Travail, — la première avait paru en 1839, — p. 13), Louis Blanc disait formellement : « Pour donner à la réforme politique de nombreux adhérents parmi le peuple, il est indispensable de lui montrer le rapport qui existe entre l'amélioration, soit morale, soit matérielle, de son sort et un changement île pouvoir... S'il est nécessaire de s'occuper d'une réforme sociale, il ne l'est pas moins de pousser à une réforme politique. Car, si la première est le but, la seconde est le moyen. Il ne suffit pas de découvrir des procédés scientifiques, propres à inaugurer le principe d'association et à organiser le travail suivant les règles de la raison, de la justice, de l'humanité ; il faut se mettre en état de réaliser le principe qu'on adopte et de féconder les procédés fournis par l'étude. Or, le pouvoir... s'appuie sur des chambres, sur des tribunaux, sur des soldats, c'est-à-dire sur la triple puissance des lois, des arrêts, et des baïonnettes. Ne pas le prendre pour instrument, c'est le rencontrer comme obstacle. »

3.   Voyez, de ces causes de la concentration industrielle, une analyse très complète et très pénétrante, dans le livre de M. André Liesse, le Travail, p. 195-196.

4.   Voyez J. Paul-Boncour, le Fédéralisme économique, 1 vol. in-8° ; Alcan, 1900.

5.   « Dans la région Nord du Velay, où l'industrie des rubans s'est conservée, le cultivateur habitant les bourgs possède, comme au siècle dernier, un ou plusieurs métiers. Il travaille pour de grands industriels de la Loire, ce qui lui permet de ne pas courir personnellement les risques d'une mévente et des crises commerciales ; le travail fatigant des bras

est supprimé, grâce à l'énergie électrique qui met en mouvement les machines. La femme, l'enfant ou la fille peuvent surveiller les fils et, au bout de l'année, le bénéfice du tissage vient s'ajouter au profit des travaux des champs. » — Germain Martin, l'Industrie et le Commerce du Velay aux XVIIe et XVIIIe siècles, 1 vol. in-8° ; Le Puy, R. Marchessou, 1900 p. 193. — On peut aussi, sur ce point, consulter avec fruit l'excellente brochure de M. D. Soulé : L'Industrie dans les Pyrénées par le travail familial, au moyen de la distribution de la force électrique à domicile.

6.   Il est vrai que Le Play ne la recommande pas moins : « Pour recueillir les matériaux de cet ouvrage, j'ai donc observé par la méthode de Bacon, de Descartes et des naturalistes. » — Réforme sociale, t. I, p. 81.

7.   Voyez le Bulletin de l'Institut international de statistique, t. VIII, 1re livraison, 1895 ; Rapport du Dr Jacques Bertillon.

8.   On reconnaît encore là une expression de Bismarck.

9.   Auguste Comte, Cours de philosophie positive, t. IV, 47° leçon.

ISBN : 978-1540315748